VENTE
Du Vendredi 8 Novembre 1912
HOTEL DROUOT, SALLE Nº 8
A DEUX HEURES

FAIENCES & PORCELAINES
ANCIENNES

COMMISSAIRE-PRISEUR
Me F. LAIR-DUBREUIL
EXPERTS
MM. PAULME & B. LASQUIN Fils

CATALOGUE

DES

FAIENCES ANCIENNES

Delft, Hispano-Mauresques
Ligron, Marseille, Moustiers, Rouen, Rhodes, Strasbourg, etc.

Coupe couverte en ancienne faïence de Deruta

PORCELAINES ANCIENNES

Chine, Japon, Compagnie des Indes
Chantilly, Hœscht, Milan, Saxe, Sèvres, Tournay, etc.

OBJETS VARIÉS

DONT LA VENTE AUX ENCHÈRES PUBLIQUES AURA LIEU

HOTEL DROUOT, SALLE N° 8

LE VENDREDI 8 NOVEMBRE 1912

à deux heures

COMMISSAIRE-PRISEUR
Me F. LAIR-DUBREUIL
6, rue Favart

EXPERTS
MM. PAULME & B. LASQUIN Fils
10, rue Chauchat | 11, rue Grange-Batelière

PARIS

EXPOSITION PUBLIQUE

Le Jeudi 7 Novembre 1912, de 1 h. 1/2 à 6 heures

CONDITIONS DE LA VENTE

Elle sera faite au comptant.

Les adjudicataires paieront *dix pour cent* en sus des enchères.

L'exposition mettant le public à même de se rendre compte de l'état et de la nature des objets, il ne sera admis aucune réclamation une fois l'adjudication prononcée.

Paris. — Imp. de l'Art, Ch. Berger, 41, rue de la Victoire.

DÉSIGNATION

PORCELAINE DE LA CHINE
DE LA COMPAGNIE DES INDES
ET DU JAPON

1 — Douze assiettes en ancienne porcelaine du Japon, décors variés polychromes.

2 — Dix-neuf assiettes, de forme octogonale, en ancienne porcelaine du Japon, décors variés en bleu.

3 — Huit assiettes en ancienne porcelaine de la Compagnie des Indes, décors variés polychromes.

4 — Petit crachoir en ancienne porcelaine du Japon, décor de fleurs ; réserves ; fond rouge cuivre, chargé de fleurs en émaux de couleurs.

5 — Deux petites théières couvertes en ancienne porcelaine du Japon, dont une à côtes, décor de fleurs en bleu, rouge et or.

6 — Deux petites potiches à pans en ancienne porcelaine du Japon, décor de fleurs en bleu, rouge et or.

7 — Huit assiettes en ancienne porcelaine du Japon et de la Compagnie des Indes, décors variés en bleu et couleurs.

8 — Six assiettes en ancienne porcelaine de Chine, décors variés en émaux de couleurs.

9 — Sept compotiers ronds en ancienne porcelaine du Japon, décor bleu et polychrome.

10 — Partie de service en ancienne porcelaine de la Compagnie des Indes, à décor bleu à paysages maritimes, comprenant: une soupière et son couvercle, un plat et deux assiettes.

11 — Cinq plats ronds en ancienne porcelaine de la Compagnie des Indes, décors variés en couleurs et en bleu.

12 — Service à thé en ancienne porcelaine de la Compagnie des Indes, comprenant : une théière, un sucrier, quatre tasses et soucoupes, à décor de bouquets de fleurs et bordure à imbrications roses

13 — Deux petits flacons à thé, avec bouchons, en ancienne porcelaine du Japon, décor de fleurs en bleu, rouge et or.

14 — Paire de vases-appliques, accotés de deux enfants, en ancienne porcelaine de Chine, décor en émaux de couleurs.

15 — Deux marronnières et deux plats, de forme ronde, en ancienne porcelaine de la Compagnie des Indes, décor en couleurs ; au centre, coqs, rochers et fleurs ; au marli, coquillages.

16 — Deux assiettes rondes en ancienne porcelaine de Chine, décor en émaux de couleurs : vases fleuris et ustensiles au centre ; lambrequins au marli.

17 — Deux assiettes rondes en ancienne porcelaine de Chine, décor en émaux de couleurs : au centre, coq sur rochers et pivoines, papillon ; au marli, lambrequin.

18 — Partie de service à thé en ancienne porcelaine de la Compagnie des Indes, décor de médaillons à personnages dans des paysages, comprenant : une théière couverte, deux tasses et leur soucoupe et un petit bol.

19 — Coupe polylobée en ancienne porcelaine de Chine, décor en émaux de couleurs, dragons dans les flammes et dans les flots. Petite bordure. Et deux assiettes en ancienne porcelaine du Japon, décor en bleu, rouge et or.

20 — Deux tasses-gobelets en ancienne porcelaine de Chine, à fond capucin, décor de réserves en forme de feuille, avec pivoine en couleur et dorure.

21 — Sucrier couvert, deux tasses et leur soucoupe en ancienne porcelaine de Chine, fond capucin, décoré de réserves en forme de feuilles chargées de fleurs en émaux de couleurs.

22 — Deux tasses et leur soucoupe en ancienne porcelaine de Chine, décor fleurs et feuillages en émaux de couleur. Petite bordure fond brun.

23 — Deux petites tasses et leur soucoupe en ancienne porcelaine mince de Chine, décor en émaux de couleurs : coqs, rochers et fleurs.

24 — Pot ovoïde en ancienne porcelaine de Chine, décor bleu : déesses et enfants dans un paysage.

25 — Pinte cylindrique à anse dragon en ancienne porcelaine de Chine, décor en couleurs de trois réserves dont une figure la terrasse d'une pagode, avec quatre personnages, les deux autres, des arbustes fond vermiculé chargé de fleurs.

— Deux petites verseuses couvertes, dont une côtelée, en ancienne porcelaine de Chine, décor de fleurs en émaux de couleurs.

26 — Théière couverte en ancienne porcelaine de Chine, décor en émaux de couleurs : oiseaux, branchages fleuris.

27 — Deux plats ronds à bord contourné et un petit ovale à bord ajouré en ancienne porcelaine de la Compagnie des Indes, décorés en émaux de couleurs ; armoirie au centre et fleurs au marli.

28 — Grand plat rond en ancienne porcelaine de Chine, décor en émaux de couleurs de la famille rose ; fleurs au centre et lambrequin au marli.

29 — Grand plat rond en ancienne porcelaine de Chine, décor en émaux de couleurs ; plantes aquatiques et canard au centre, et trois réserves de fleurs au marli.

30 — Cache-pot en ancienne porcelaine de Chine, décor bleu, avec monture en bronze.

31 — Pot couvert à gingembre en ancienne porcelaine de Chine, décor à réserves de personnages en bleu. Marque *Khang-hy*.

32 — Théière et un petit présentoir, forme feuille, en ancienne porcelaine de Chine, décor de personnages dans des paysages en émaux de couleurs.

PORCELAINES EUROPÉENNES

CHANTILLY, HŒSCHT

MILAN, SAXE, SÈVRES, TOURNAY, ETC.

33 — Deux assiettes à bord contourné, l'une en ancienne porcelaine pâte tendre de Chantilly, décor branches de fleurs ; l'autre en ancienne porcelaine de Loosdrecht, décor d'oiseau au centre et insectes au marli. En couleurs.

34 — Cache-pot à deux anses en ancienne porcelaine de Hœscht, décoré d'un amour de couleur et de fleurettes.

35 — Brûle-parfum, de forme ovale, avec couvercle en ancienne porcelaine allemande, à décor de chien et gibier en couleur.

36 — Partie de service à café et un petit hanap en ancienne porcelaine de Saxe au point, à décor de fleurettes en bleu, comprenant : une cafetière, six tasses et soucoupes et une coupe.

*

37 — Service à thé, comprenant : une théière, un sucrier couvert, un bol, un pot à lait, quatre tasses et quatre soucoupes, en ancienne porcelaine hollandaise, décor de paysage en camaïeu bistre.

38 — Une tasse et deux coquetiers en ancienne porcelaine de Sèvres, décor de bouquets de fleurs en couleurs.

39 — Deux plats ronds en ancienne porcelaine de Milan, décor de bouquets de fleurs au centre, marli simulant la vannerie.

40 — Soupière ovale, avec couvercle et deux anses, en ancienne porcelaine tendre de Tournay, décor de bouquets de fleurs en bleu.

OBJETS DIVERS

41 — Drageoir en ancien émail de Canton, composé d'un plateau central circulaire et huit coupes rayonnantes, décor en couleur : personnages dans des paysages.

42 — Garniture de trois petits vases couverts en pâte de verre, décor en couleurs dans le goût chinois : pagodes, personnages et fleurs.

43 — Deux petites salières en ancien émail de Batersea, fond bleu turquoise, décor de médaillons réserves à paysages, personnages et animaux.

44 — Bénitier en ancienne terre vernissée de Ligron (Sarthe), daté : *1713*.

FAIENCES ÉTRANGÈRES

DELFT, DERUTA

HISPANO-MAURESQUES, RHODES, ETC.

45 — Beurrier couvert, à deux anses, en ancienne faïence de Delft, décor de fleurs et feuillages en bleu.

46 — Pichet à côtes en ancienne faïence de Delft, décor de paysages animés de personnages dans le goût chinois, en bleu. Couvercle en étain.

47 — Pichet à anse en ancienne faïence de Delft, décor en bleu dans le goût chinois, de personnages dans un paysage. Couvercle en étain.

48 — Cinq assiettes et un petit plat en ancienne faïence de Delft, décors variés, polychrome et bleu : fleurs, rochers, ustensiles, rocailles ; une des assiettes présente le portrait en buste de Guillaume V. (Seront divisés.)

49 — Deux compotiers, à chute côtelée, en ancienne faïence de Delft, décor en polychrome : l'une en plein, oiseaux, feuillages et fleurs ; l'autre. corbeilles fleuries dans des réserves.

50 — Deux plats ronds en ancienne faïence de Delft, décor bleu : feuillages stylisés, et deux petites assiettes.

51 — Deux petites potiches, pouvant faire pendants, en ancienne faïence de Delft, décor bleu : gerbe de fleurs.

52 — Deux petites potiches, pouvant faire paire, en ancienne faïence de Delft, décor bleu, simulant des feuilles de lotus.

53 — Fromagère en ancienne faïence de Delft, à bord festonné, décor bleu à lambrequin et fleurs.

54 — Lion héraldique et un sucrier à deux anses en ancienne faïence de Delft, décors en bleu et couleurs.

55 — Deux grands bols en faïence de Delft, décor par compartiments : vases fleuris, en polychrome.

56 — Deux plats ronds en ancienne faïence de Delft, décor bleu : l'un présentant le roi Guillaume III d'Angleterre et la Reine, l'autre un cerf passant.

57 — Plat rond en ancienne faïence de Delft, décor paysage avec pagode en polychrome.

58 — Plat rond en ancienne faïence de Delft, décor dans le goût chinois : paysage avec barrière et oiseau, en polychrome.

59 — Plat rond en ancienne faïence de Delft, décor polychrome : fleurs stylisées ; bordure à lambrequins.

60 — Paire de plats en ancienne faïence de Delft, à décor bleu : palmes et feuillages.

61 — Vase-porte-fleurs, de forme quadrilatérale, à goulots multiples, en ancienne faïence de Delft, décor bleu : fleurs et lambrequins.

62 — Deux petits vases-cornets en ancienne faïence de Delft, décorés en couleurs, offrant les portraits du prince et de la princesse d'Orange.

63 — Deux statuettes en faïence polychrome de Delft : Joueur de violon et mendiant.

64 — Potiche en faïence hollandaise, décor polychrome : sujet pastoral, dans un encadrement rocaille, fleurs et oiseaux. Rehauts de dorure.

65 — Deux plats, dont un creux, en ancienne faïence de Delft, décors de fleurs en couleurs et en bleu.

66 — Paire de potiches couvertes, de forme octogonale et godronnée, en ancienne faïence de Delft, décor de fleurs en bleu.

67 — Paire de bouteilles en ancienne faïence de Delft, décors de fleurs en bleu et brun.

68 — Garniture de trois pièces en faïence de Delft, à décor de fleurettes en bleu, comprenant : une potiche couverte et deux bouteilles avec cols à renflement.

69 — Garniture de trois pièces en ancienne faïence de Delft, comprenant : une potiche couverte et deux cornets à pans, décor en bleu avec blanc, dans le goût chinois : Jeune femme dans un paysage.

70 — Sept assiettes en ancienne faïence de Delft, décors variés en couleurs.

71 — Quatre plats ronds en faïence de Delft, grandeurs et décors variés, à corbeilles de fleurs en couleurs.

72 — Plat rond en ancienne faïence de Delft, décor en plein dit aux cœurs sur fond vert.

73 — Plat rond en ancienne faïence de Delft, décoré en couleurs de sept réserves à corbeilles de fleurs séparées par des bandes bleues.

74 — Plat rond en ancienne faïence de Delft, décoré de quatre réserves de fleurs en forme de cœur sur fond vert avec rosace centrale.

75 — Garniture de trois pièces en ancienne faïence de Delft, comprenant : une potiche couverte et deux bouteilles, à renflement au col ; huit pans, décor de fleurs et feuillages en bleu sur fond blanc.

76 — Potiche couverte en ancienne faïence de Delft, décorée, par compartiments, de fleurs, rochers, insectes et animal fantastique, en polychrome.

77 — Potiche couverte en ancienne faïence de Delft, décor polychrome : gerbes de fleurs.

78 — Plaque en ancienne faïence de Delft, décorée en bleu d'un paysage avec pêcheur tirant un poisson de l'eau, bord contourné à feuillages et coquilles en relief et couleurs.

79 — Plaque, de forme contournée, à bord en relief, en ancienne faïence de Delft, décorée en couleur d'un arbuste avec oiseau.

80 — Fontaine en ancienne faïence de Delft, ayant la forme d'un monument ; décorée en bleu de fleurs, paysages et figures. Couvercle formé d'un bouquet de fleurs.

81 — Paire de petites potiches couvertes en ancienne faïence de Delft, de forme hexagonale, décor de style chinois en bleu.

82 — Deux vaches faisant pendants en ancienne faïence de Delft, décorées de fleurs en bleu.

83 — Garniture de cinq pièces en ancienne faïence de Delft, comprenant : trois potiches couvertes et deux cornets ; décor, en bleu, d'un vase chargé de fleurs et de feuilles de fougères, dans un médaillon mouvementé, à ornements en relief. Marquée.

84 — Compotier rond, à bord mouvementé, à chute côtelée, décor de fleurs dans le goût chinois. Ancienne faïence de Milan.

85 — Trois compotiers ronds, à bord godronné, en ancienne faïence italienne, décors variés en couleurs.

86 — Trois plaques, de forme ovale et octogonale, en ancienne faïence, décors variés en couleurs et en relief.

87 — Petit plat en ancienne faïence de Rhodes, à décor d'œillets en émaux de couleurs.

88 — Service à thé et à café en faïence anglaise (?) émaillée noir, comprenant : une théière, une cafetière, un sucrier, un pot à lait, six tasses et sept soucoupes. Monture en argent.

89 — Trois plats en ancienne faïence hispano-mauresque à reflets métalliques, forme et décor variés, à feuillages et oiseaux. (Seront divisés.)

90 — Plat rond en ancienne faïence hispano-mauresque, à décor rayonnant, avec écusson central. XVIe siècle.

91 — Quatre petites coupes en ancienne faïence hispano-mauresque à reflets métalliques.

92 — Coupe à piédouche avec couvercle, ou écuelle d'accouchée, en ancienne faïence de Deruta à reflets, décorée extérieurement de rinceaux de feuillages de couleurs marron et rouge sur fond bleu et blanc ; à l'intérieur de la coupe, d'un amour portant une boule ; au couvercle, cartouche avec l'inscription : *Lucretia.*

FAIENCES FRANÇAISES

MARSEILLE, MOUSTIERS, NEVERS

ROUEN, STRASBOURG, ETC.

93 — Pichet en ancienne faïence, décor polychrome : personnages moissonnant.

94 — Soupière couverte en ancienne faïence blanche, de forme ovale et mouvementée.

95 — Deux petites assiettes creuses en ancienne faïence de Marseille, décor gerbes de fleurs en couleurs.

96 — Sept grandes assiettes en ancienne faïence de Moustiers, décors variés en camaïeu bistre et vert.

97 — Paire de petits vases à piédouche et anses torses en ancienne faïence de Moustiers, décor de fleurs en camaïeu vert.

98 — Cuvette, de forme ovale et contournée, en ancienne faïence du Midi, décor de paysage et réserves en couleurs.

99 — Plateau ovale à deux anses et une assiette à bord ajouré en ancienne faïence de Marseille, décor en camaïeu vert et scène bacchanale.

100 — Pichet à anse en ancienne faïence de Nevers, décor sur fond bleu de fleurs, feuillages et oiseaux en blanc et ocre, muni d'un couvercle en étain.

101 — Quatre pichets couverts en ancienne faïence de Rouen, décors variés à la corne et autres, en polychrome (un couvercle en étain. (Seront divisés).

102 — Deux assiettes, à bord mouvementé, en ancienne faïence de Rouen, décor polychrome *à la corne.*

103 — Grand plat rond en ancienne faïence de Rouen, décor polychrome à gerbes de fleurs, oiseaux et insectes.

104 — Deux cache-pot à deux anses en ancienne faïence de Rouen, décor bleu et en couleurs à lambrequins.

105 — Plat rond, à bord mouvementé, en ancienne faïence de Rouen, décor au centre, corbeille fleurie ; au marli, lambrequins à arabesques, en polychrome.

106 — Plat, à bord contourné, en ancienne faïence de Rouen, décor dit *à la corne*.

107 — Plat rond, creux, en ancienne faïence de Rouen, décor polychrome, décor dans le goût chinois : pagodes ; au centre, bordure à quadrillé et quatre réserves.

108 — Soupière ronde, à bord contourné, avec son couvercle, en ancienne faïence de Rouen, décor polychrome dit *à la corne*.

109 — Cinq plats ronds et un ovale en ancienne faïence de Rouen, à décor polychrome dit *à la double corne*, avec oiseaux, insectes et fleurs. (Seront divisés).

110 — Deux assiettes et un saladier en ancienne faïence de Rouen, décor polychrome dit *à la corne* : fleurs, oiseaux et insectes.

111 — Plat ovale, à bord contourné, en ancienne faïence de Rouen, décor polychrome à la double corne.

112 — Deux légumiers couverts en ancienne faïence de Rouen, décors polychromes, l'un avec carquois et lambrequins, l'autre à la corne : fleurs, oiseaux et insectes.

113 — Bouquetière en ancienne faïence de Rouen, décor polychrome : fleurs, feuillages et fruits.

114 — Petit compotier octogone, à bord mouvementé, en ancienne faïence de Rouen, décor polychrome à la corne.

115 — Soupière couverte, à deux anses-coquilles, en ancienne faïence de Rouen, décor à la pagode en polychrome.

116 — Bassin d'aiguière, de forme oblongue, en ancienne faïence de Rouen, décor à la corne, en polychrome.

117 — Légumier couvert et son plateau en ancienne faïence de Rouen, décor polychrome dit *à la corne.*

118 — Cache-pot cylindrique à côtes et une jardinière rectangulaire à pans coupés en ancienne faïence de Rouen, décor polychrome, lambrequins et arabesques.

119 — Fontaine couverte et son bassin en ancienne faïence de Rouen, décor polychrome, vase fleuri, godrons simulés, fleurs et feuillages.

120 — Plat, à bord contourné, en ancienne faïence de Sinceny, décor polychrome, tiges de fleurs et deux oiseaux, avec papillon. (Marque).

121 — Deux assiettes en ancienne faïence de Strasbourg, décor gerbes de fleurs en couleurs. (Une marquée).

122 — Sucrier couvert, de forme ovale, en ancienne faïence de Strasbourg, décor de fleurs et bordure à hachures roses.

123 — Paire de petits pots et un rafraîchissoir en ancienne faïence de Strasbourg, décorés en couleurs de fleurs et figures.

124 — Deux plats dont un creux, de forme ovale, en ancienne faïence de Strasbourg, décors variés en couleurs et camaïeu vert.

125 — Deux plats ronds et six assiettes en ancienne faïence de Strasbourg, décors en couleurs, fleurs et figure de Chinois.

www.ingramcontent.com/pod-product-compliance
Ingram Content Group UK Ltd.
Pitfield, Milton Keynes, MK11 3LW, UK
UKHW022150260726
13993UKWH00005B/2274